El gato con botas
Puss in Boots

Charles Perrault

Bilingual Spanish - English Fairy Tale
by Svetlana Bagdasaryan.
Translated into English by Andrew Lang,
into Spanish by Teodoro Baró.

Murió un molinero que tenía tres hijos, y no dejó más bienes que su molino, su borriquillo y un gato.

Se hicieron las particiones con gran facilidad y ni el escribano ni el procurador, que se hubieran comido tan pobre patrimonio, tuvieron que entender en ellas.

El mayor de los tres hermanos se quedó con el molino.

El mediano fue dueño del borriquillo.

Y el pequeño no tuvo otra herencia que el gato.

El pobre chico se desconsoló al verse con tan pobre patrimonio.

-Mis hermanos -decía- podrán ganarse honradamente la vida trabajando juntos; pero después que me haya comido mi gato y lo poco que me den por su piel, no tendré más remedio que morir de hambre.

El gato, que escuchaba estas palabras, se subió de un salto sobre las rodillas de su amo, y acariciándole a su manera, le dijo:

-No os desconsoléis, mi amo; compradme un par de botas y un saco con cordones, y ya veréis como no es tan mala la parte de herencia que os ha tocado.

* * *

There was a miller who left no more estate to the three sons he had than his mill, his ass, and his cat. The partition was soon made. Neither scrivener nor attorney was sent for. They would soon have eaten up all the poor patrimony. The eldest had the mill, the second the ass, and the youngest nothing but the cat. The poor young fellow was quite comfortless at having so poor a lot.

"My brothers," said he, "may get their living handsomely enough by joining their stocks together; but for my part, when I have eaten up my cat, and made me a muff of his skin, I must die of hunger."

The Cat, who heard all this, but made as if he did not, said to him,

"Do not thus afflict yourself, my good master. You have nothing else to do but to give me a bag and get a pair of boots made for me that I may scamper through the dirt and the brambles, and you shall see that you have not so bad a portion in me as you imagine."

3

El chico tenía tal confianza en la astucia de su gato y le había visto desplegar tanto ingenio en la caza de pájaros y de ratones que no desesperó de ser por él socorrido en su miseria. Reunió, pues, algún dinerillo y le compró los objetos que pedía.

El gato se puso inmediatamente las botas, colgóse el saco al cuello, asiendo los cordones con sus patas de delante, y se fue a un soto donde había gran número de conejos.

Colocó de cierto modo el saco al pie de un árbol, puso en su fondo algunas yerbas de tomillo y, haciéndose el muerto, esperó a que algún gazapo, poco instruido en los peligros del mundo, entrase en el saco para regalarse con lo que en él había.

* * *

The Cat's master did not build very much upon what he said. He had often seen him play a great many cunning tricks to catch rats and mice, as when he used to hang by the heels, or hide himself in the meal, and make as if he were dead; so that he did not altogether despair of his affording him some help in his miserable condition.

When the Cat had what he asked for he booted himself very gallantly, and putting his bag about his neck, he held the strings of it in his two forepaws and went into a warren where was great abundance of rabbits.

He put bran and sow-thistle into his bag, and stretching out at length, as if he had been dead, he waited for some young rabbits, not yet acquainted with the deceits of the world, to come and rummage his bag for what he had put into it. Scarce was he lain down but he had what he wanted. A rash and foolish young rabbit jumped into his bag.

Pocos momentos hacía que estaba apostado, cuando un conejillo entró corriendo en el saco. El gato tiró de los cordones, cogiéndole dentro, y le dio muerte con la mayor destreza.

Orgulloso de su hazaña, se dirigió al palacio del rey de aquella tierra y pidió hablar a S. M.

Condujéronle a la cámara real y, después de hacer una gran reverencia al monarca, le dijo presentándole el conejo:

-Señor, mi amo el señor marqués de Carabas tendrá un placer en que os dignéis probar su caza y os envía este conejo que ha cogido esta mañana en sus sotos.

-Di a tu amo -respondió el rey- que lo acepto con mucho gusto y que le doy las gracias.

* * *

Monsieur Puss, immediately drawing close the strings, took and killed him without pity. Proud of his prey, he went with it to the palace and asked to speak with his majesty. He was shown upstairs into the King's apartment, and, making a low reverence, said to him:

"I have brought you, sir, a rabbit of the warren, which my noble lord the Marquis of Carabas" (for that was the title which puss was pleased to give his master) "has commanded me to present to your majesty from him."

"Tell thy master," said the king, "that I thank him and that he does me a great deal of pleasure."

El gato salió de palacio saltando de alegría, y fue á decir a su amo lo que había hecho.

Algunos días después volvió al bosque, armado con sus botas y su saco, y no tardó en apoderarse de un par de perdices.

Inmediatamente fue a presentarlas al rey, como había hecho con el conejo, y el monarca recibió con tanto gusto las dos perdices que mandó a su tesorero diese al gato algún dinero para beber.

El gato continuó durante dos o tres meses llevando de tiempo en tiempo al rey una parte de su caza. Pero un día supo que el rey debía ir a pasear por la orilla del río con su hija, la princesa más hermosa del mundo, y entonces dijo a su amo:

-Si queréis seguir mis consejos, tenéis hecha vuestra fortuna: id a bañaros al río, en el sitio que yo os diga, y luego dejarme hacer.

* * *

Another time he went and hid himself among some standing corn, holding still his bag open, and when a brace of partridges ran into it he drew the strings and so caught them both. He went and made a present of these to the king, as he had done before of the rabbit which he took in the warren. The king, in like manner, received the partridges with great pleasure, and ordered him some money for drink.

The Cat continued for two or three months thus to carry his Majesty, from time to time, game of his master's taking. One day in particular, when he knew for certain that he was to take the air along the river-side, with his daughter, the most beautiful princess in the world, he said to his master. "If you will follow my advice your fortune is made. You have nothing else to do but go and wash yourself in the river, in that part I shall show you, and leave the rest to me."

El hijo del molinero hizo lo que el gato le aconsejaba, aunque no comprendía cuáles pudieran ser sus instintos.

Cuando se estaba bañando llegó el rey a la orilla del río y entonces el gato se puso a gritar con todas sus fuerzas.

-¡Socorro! ¡Socorro! ¡El señor marqués de Carabas se está ahogando!

A este grito el rey asomó la cabeza por la portezuela y, reconociendo al gato que tantas veces le había llevado caza, mandó inmediatamente a sus guardias que fuesen en socorro del marqués de Carabas.

En tanto que sacaban del río al pobre marqués, el gato, aproximándose a la carroza, dijo al rey que mientras su amo se bañaba unos ladrones le habían robado sus ropas, aunque él había llamado en su auxilio con todas sus fuerzas, y el rey mandó inmediatamente a los oficiales de su guardarropa que fuesen a buscar uno de sus más bellos trajes para el marqués de Carabas.

* * *

The Marquis of Carabas did what the Cat advised him to, without knowing why or wherefore. While he was washing the King passed by, and the Cat began to cry out:

"Help! help! My Lord Marquis of Carabas is going to be drowned."

At this noise the King put his head out of the coach-window, and, finding it was the Cat who had so often brought him such good game, he commanded his guards to run immediately to the assistance of his Lordship the Marquis of Carabas. While they were drawing the poor Marquis out of the river, the Cat came up to the coach and told the King that, while his master was washing, there came by some rogues, who went off with his clothes, though he had cried out: "Thieves! thieves!" several times, as loud as he could. This cunning Cat had hidden them under a great stone. The King immediately commanded the officers of his wardrobe to run and fetch one of his best suits for the Lord Marquis of Carabas.

Después que estuvo vestido se presentó al rey, que le recibió con mucho agrado, y, como las hermosas ropas que acababan de darle aumentaban mucho su natural belleza, la hija del monarca le encontró muy de su gusto y le dirigió una mirada tan tierna y cariñosa que dio algo que pensar a los cortesanos.

El rey invitó al marqués a subir en la carroza y a acompañarle en su paseo y el gato, lleno de júbilo al ver que empezaban a realizarse sus designios, tomó la delantera.

No tardó en encontrar unos labriegos que segaban la yerba de un prado y les dijo:

-Buenas gentes, si no decís al rey que el prado que estáis segando pertenece al señor marqués de Carabas, seréis hechos pedazos tan menudos como las piedras del río.

* * *

The King caressed him after a very extraordinary manner, and as the fine clothes he had given him extremely set off his good mien (for he was well made and very handsome in his person), the King's daughter took a secret inclination to him, and the Marquis of Carabas had no sooner cast two or three respectful and somewhat tender glances but she fell in love with him to distraction. The King had him come into the coach and take part of the airing. The Cat, quite overjoyed to see his project begin to succeed, marched on before, and, meeting with some countrymen, who were mowing a meadow, he said to them:

"Good people, you who are mowing, if you do not tell the King that the meadow you mow belongs to my Lord Marquis of Carabas, you shall be chopped as small as herbs for the pot."

El rey no dejó de preguntar a los segadores quién era el dueño de aquellos prados y, temerosos por la amenaza del gato, los labriegos contestaron a una voz:

-Es el señor marqués de Carabas.

-Tenéis unos terrenos magníficos -dijo el rey al hijo del molinero.

Sí, señor, -respondió éste- este prado me da todos los años productos muy abundantes.

El gato, que iba siempre delante, encontró luego unos cavadores y les dijo:

-Buenas gentes, si cuando el rey os pregunte no le contestáis que estas tierras son del marqués de Carabas, os harán pedazos tan menudos como las piedras del río.

El rey, que pasó un momento después, quiso saber a quién pertenecían aquellas tierras y preguntó a los labriegos.

-Nuestro amo -respondieron éstos- es el señor marqués de Carabas.

Y el rey felicitó de nuevo al hijo del molinero.

* * *

The King did not fail asking of the mowers to whom the meadow they were mowing belonged.

"To my Lord Marquis of Carabas," answered they altogether, for the Cat's threats had made them terribly afraid. The king was pleased and told,

"Marquis of Carabas you have a wonderful meadow"

"You see, sir," said the Marquis, "this is a meadow which never fails to yield a plentiful harvest every year."

The Master Cat, who went still on before, met with some reapers, and said to them:

"Good people, you who are reaping, if you do not tell the King that all this corn belongs to the Marquis of Carabas, you shall be chopped as small as herbs for the pot."

The King, who passed by a moment after, would needs know to whom all that corn, which he then saw, did belong.

"To my Lord Marquis of Carabas," replied the reapers, and the King was very well pleased with it.

El gato, que iba siempre delante de la carroza, decía lo mismo a todas las gentes que encontraba en el camino y el rey se admiró bien pronto de las grandes riquezas del marqués de Carabas.

El gato llegó, al fin, a un hermoso castillo cuyo dueño era un ogro, el más rico de la comarca, pues le pertenecían todos los prados y bosques por donde el rey había pasado.

Después de informarse de las cualidades de este ogro, llegó el gato a su residencia y pidió hablarle, diciendo que no había querido pasar por sus dominios sin presentarle sus respetos.

El ogro le recibió con una gran amabilidad y le hizo reposar.

* * *

The Master Cat, who went always before, made all the people he met say the same words, "This is the home of my Lord Marquis de Carabas , this mill of my Lord Marquis de Carabas , a garden of my Lord Marquis de Carabas ..."and the King was astonished at the vast estates of my Lord Marquis of Carabas.

Monsieur Puss came at last to a stately castle, the master of which was an ogre, the richest had ever been known; for all the lands which the King had then gone over belonged to this castle. The Cat, who had taken care to inform himself who this ogre was and what he could do, asked to speak with him, saying he could not pass so near his castle without having the honor of paying his respects to him.

The ogre received him as civilly as an ogre could do, and made him sit down.

-Me han asegurado -le dijo el gato- que tenéis el don de poder convertiros en el animal que os parece; que podéis, por ejemplo, trasformaros en elefante, en león...

-Sí, por cierto, -respondió el ogro- y para probároslo vais a verme convertido en león.

La trasformación se verificó instantáneamente, y el gato se espantó tanto al ver un león ante sí que saltó al alero del tejado, no sin alguna dificultad a causa de sus botas, que no servían para andar por las tejas.

Algún tiempo después, viendo que el ogro había recobrado su forma primitiva, el gato descendió y le dijo:

-Me han asegurado también, pero no puedo creerlo, que tenéis asimismo la facultad de trasformaros en los animales pequeños; por ejemplo, que podéis tomar la forma de un ratón. Eso me parece imposible.

* * *

"I have been assured," said the Cat, "that you have the gift of being able to change yourself into all sorts of creatures you have a mind to; you can, for example, transform yourself into a lion, or elephant, and the like."

"That is true," answered the ogre very briskly; "and to convince you, you shall see me now become a lion."

Puss was so sadly terrified at the sight of a lion so near him that he immediately got into the gutter, not without abundance of trouble and danger, because of his boots, which were of no use at all to him in walking upon the tiles. A little while after, when Puss saw that the ogre had resumed his natural form, he came down, and owned he had been very much frightened.

"I have been, moreover, informed," said the Cat, "but I know not how to believe it, that you have also the power to take on you the shape of the smallest animals; for example, to change yourself into a rat or a mouse; but I must own to you I take this to be impossible."

-¡Imposible! -exclamó el ogro- ¡vais a convenceros!

Y al mismo tiempo se trasformó en un ratón sumamente pequeño y se puso a correr por la sala.

El gato no esperó más y,lanzándose ágilmente sobre él, le clavó las uñas y los dientes y le degolló.

En tanto, el rey, que al pasar vio el magnífico castillo del ogro, quiso entrar en él a descansar.

El gato, que oyó el ruido de la carroza al rodar sobre el puente levadizo, salió corriendo y dijo al rey:

-¡Bien venido sea V. M. al castillo de mi noble amo el marqués de Carabas!

-¡Cómo, señor marqués!, -dijo el rey al hijo del molinero- ¡es vuestro este castillo! ¡No hay otro tan hermoso en mis estados! ¡Enseñádnoslo, si gustáis!

* * *

"Impossible!" cried the ogre; "you shall see that presently. "

And at the same time he changed himself into a mouse, and began to run about the floor. Puss no sooner perceived this but he fell upon him and ate him up.

Meanwhile the King, who saw, as he passed, this fine castle of the ogre's, had a mind to go into it.

Puss, who heard the noise of his Majesty's coach running over the draw-bridge, ran out, and said to the King:

"Your Majesty is welcome to this castle of my Lord Marquis of Carabas."

"What! my Lord Marquis," cried the King, "and does this castle also belong to you? There can be nothing finer than this court and all the stately buildings which surround it; let us go into it, if you please."

El marqués presentó el brazo a la joven princesa y, siguiendo al rey, que marchaba el primero, entraron en una gran sala, donde encontraron servida una opípara cena que el ogro había hecho preparar para sus amigos, que aquella noche debían ir a solazarse al castillo y que no se atrevieron a entrar cuando supieron que el rey estaba allí.

El rey, encantado de las buenas cualidades del marqués y viendo que a su hija no le había sido indiferente, le dijo, después de haber bebido cuatro o cinco copas de un excelente vino:

-Tendría mucho placer, amigo mío, si quisierais ser mi yerno.

El hijo del molinero, haciendo grandes reverencias, aceptó la honrosa proposición del rey y pocos días después dio la mano de esposo a la joven y bella princesa.

El gato fue todo un gran señor y ya no corrió tras los ratones sino por pura diversión.

* * *

The Marquis gave his hand to the Princess, and followed the King, who went first. They passed into a spacious hall, where they found a magnificent collation, which the ogre had prepared for his friends, who were that very day to visit him, but dared not to enter, knowing the King was there. His Majesty was perfectly charmed with the good qualities of my Lord Marquis of Carabas, as was his daughter, who had fallen violently in love with him, and, seeing the vast estate he possessed, said to him, after having drunk five or six glasses:

"It will be owing to yourself only, my Lord Marquis, if you are not my son-in-law."

The Marquis, making several low bows, accepted the honor which his Majesty conferred upon him, and forthwith, that very same day, married the Princess.

Puss became a great lord, and never ran after mice any more but only for his diversion.

Printed in Great Britain
by Amazon

37772413R00016